MEU INCRÍVEL ATLAS
AVENTURAS ESPACIAIS

Happy Books

COMO FUNCIONA O APLICATIVO (APP)

Este atlas vem com um app* gratuito que permite usar o seu smartphone ou tablet para obter mais informações de cada página. Siga as etapas abaixo para baixar o aplicativo e iniciá-lo para descobrir videoclipes do universo.

* O aplicativo gratuito **AtlasOfSpaceAdventures** funciona em **IOS** (11 ou posterior) e **Android** (7 ou posterior).
IOS (11 ou posterior): *iPhone* SE, 6S, 6S Plus, 7, 7 Plus, 8, X; todos os modelos *iPad Pro* e *iPad* (2017 em diante).
Android: encontre uma lista completa de dispositivos compatíveis escaneando este código QR no verso da capa ou visitando https://developers.google.com/ar/discover/supported-devices#google-play

1 BAIXE O APP

O app está disponível sem custos no App Store e Google Play. Digite "AtlasOfSpaceAdventures" e procure o ícone exibido aqui. As páginas de informação em cada app store vão dizer qual sistema operacional e dispositivo será necessário para executar o app. Clique no ícone para baixar o app no seu smartphone ou tablet.

2 ABRA E ESCANEIE

Abra o app. Será solicitada autorização para acesso à sua câmera. O aplicativo funciona melhor com luz forte e com páginas planas. Paire o seu smartphone ou tablet ao menos 30 cm acima das páginas (da 6 até 47). Grandes pontos vermelhos e saltitantes vão aparecer na sua tela.

3 ASSISTA, ESCUTE, APRENDA

Clique nos pontos vermelhos com seu dedo para disparar os vídeos. Recoste-se e aproveite o show! Este livro tem 50 vídeos.

Direitos autorais © 2019 da Nextquisite Ltd.
Ilustração: MUTI
Texto: Anne McRae
Consultor: Dr Stephen P. Maran
Todos os direitos reservados.
Direitos exclusivos da edição em Língua Portuguesa adquiridos por
© 2021 Happy Books Editora Ltda.
Tradução: Ruth Marschalek
Revisão: Letícia Maria Klein
IMPRESSO NA ESLOVÁQUIA

APPLE E A LOGOMARCA DA APPLE SÃO MARCAS REGISTRADAS DA APPLE INC., REGISTRADAS NOS ESTADOS UNIDOS E OUTROS PAÍSES.
APP STORE É UMA MARCA DE SERVIÇO DA APPLE INC.

GOOGLE PLAY E A LOGOMARCA DO GOOGLE PLAY SÃO MARCAS REGISTRADAS DO GOOGLE INC.

MEU INCRÍVEL ATLAS
AVENTURAS ESPACIAIS

Anne McRae
Ilustração: MUTI

Consultor: Dr Stephen P. Maran

Happy Books

SUMÁRIO

6-7 **PLANETA TERRA**
Onde a viagem começa

12-13 **PARA O SOL**
O troço é quente!

14-15 **O SISTEMA SOLAR**
Dando uma olhada nas redondezas

16-17 **MERCÚRIO**
Fogo & gelo

8-9 **VIVENDO NO ESPAÇO**
A Estação Espacial Internacional

10-11 **PARA A LUA**
Uma plataforma de lançamento para o futuro

18-19 **VÊNUS**
Nosso gêmeo infernal

20-21 **MARTE**
Nosso próximo lar?

22-23 **ASTEROIDES**
Rochas voadoras

24-25 **JÚPITER**
   O maior gigante gasoso
26-27 **SATURNO**
   Aquele com os anéis impressionantes

28-29 **URANO**
   O planeta lateral
30-31 **NETUNO**
   O gigante de gelo azul
32-33 **CONFINS DO SISTEMA SOLAR**
   O Cinturão de Kuiper & a Nuvem de Oort
34-35 **A VIA LÁCTEA**
   Voando pelas estrelas

36-37 **EXOPLANETAS**
   Planetas extrassolares
38-39 **ESTRELAS**
   Onde as estrelas nascem & morrem
40-41 **GALÁXIAS**
   Coleções de estrelas

42-43 **O BIG BANG**
   Do Big Bang até o Big Rip
44-45 **O QUE ESPERAR DO FUTURO?**
   O que vem depois?
46-47 **Índice**

VIDA

Embora gostemos de pensar que estamos sozinhos no universo, os cientistas nunca encontraram evidência convincente de vida além do nosso planeta. Na Terra, temos milhões de espécies diferentes de plantas e animais, desde minúsculas bactérias formadas por só uma célula, até complexas criaturas como as baleias e os seres humanos, cada uma composta de trilhões de células.

Se realmente encontrarmos vida em outro lugar, é muito improvável que pareça algo como esse sujeito.

PLANETA TERRA

Bem-vindo a bordo! Você vai embarcar em uma série de aventuras de tirar o fôlego que vão levá-lo às próprias origens do universo. Mas antes de partirmos, vamos olhar mais de perto o nosso planeta para ver o que o torna tão especial. A Terra é única de diversas maneiras. Primeiro porque possui vida. Não só pessoas, mas todas as plantas e animais que coexistem aqui. O nosso planeta também possui muita água, que é provavelmente onde a vida começou e uma atmosfera rica em gases como oxigênio, que sustentam a vida.

DIA & NOITE

Conforme a Terra orbita o Sol, ela também gira em torno de si, fazendo uma rotação completa a cada 24 horas*. O lado voltado para o Sol é banhado de luz e é de dia, enquanto o lado não voltado está no escuro da noite.

ESTAÇÕES

A Terra orbita o Sol uma vez a cada 365 dias*. Temos as estações do ano porque o eixo da Terra é levemente inclinado. Ao girar em torno do Sol, o eixo sempre aponta para a mesma direção, então durante o ano diferentes partes da Terra recebem mais luz solar direta.

Aqui você pode ver as estações no Hemisfério Norte.

*1 ano da Terra = 365,25 dias

*1 dia da Terra = 23,934 horas

A TERRA DEBAIXO DE NOSSOS PÉS

Vivemos na fina camada externa da Terra, chamada de crosta. Se pudesse cavar através dela, você encontraria uma espessa camada lamacenta de rocha derretida chamada de manto. Prossiga e vai se deparar com o núcleo externo, formado por ferro líquido e níquel, e então o sólido núcleo interno metálico.

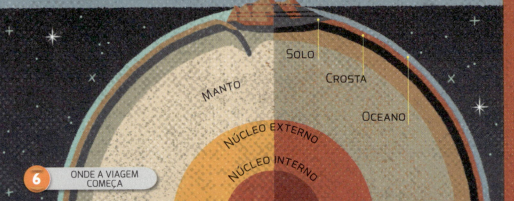

O CÉU ACIMA

O nosso planeta está envolto em uma camada de gases chamada de atmosfera que é mantida no lugar pela gravidade. A atmosfera torna a vida possível na Terra. Ela nos mantém aquecidos enquanto nos protege dos perigosos raios solares ultravioletas. E o melhor de tudo, está cheia de oxigênio para respirarmos.

A atmosfera tem cinco camadas principais.

- Exosfera
- Termosfera
- Mesosfera
- Estratosfera
- Troposfera

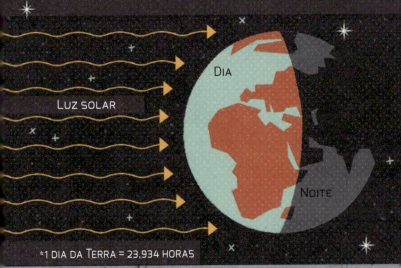

6 ONDE A VIAGEM COMEÇA

O PLANETA AZUL

Quando visto do espaço, o nosso planeta parece uma bola azul. Isso porque mais de 70% da superfície da Terra é coberta de água. O nosso é o único planeta no Sistema Solar que possui muita água líquida, e os cientistas acham que é ali que a vida evoluiu primeiro. Temos todo tipo de água na Terra, nos rios, lagos, pântanos e açudes, mas a maior parte dela está nos oceanos. Eles detêm 97% de toda a água. Mas por que isso faz o planeta parecer azul? Porque a água absorve cores de longo comprimento de onda como o vermelho, alaranjado e amarelo e reflete cores de curto comprimento de onda como o azul.

LIXO ESPACIAL

O primeiro satélite se chamava Sputnik 1. Ele foi lançado na órbita da Terra pela União Soviética em 1957. Desde então mais de 8.100 outros de muitos países diferentes foram colocados em órbita. Destes, quase 5.000 ainda estão circundando, mas apenas cerca de 1.900 ainda estão funcionando. Por sorte há muito lugar no espaço e um não colide com outro!

Os satélites fazem muitas coisas diferentes. Alguns, como o Telescópio *Hubble Space* ou o *EEI* (veja páginas 8-9), ajudam os cientistas a explorar o espaço. Outros são para comunicações, observação militar, previsão do tempo e sistemas de navegação como o GPS.

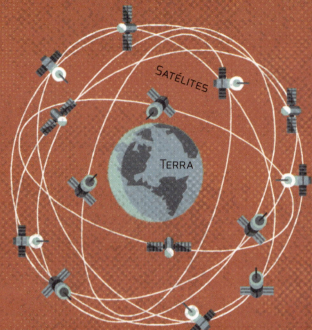

O Pacífico é o maior oceano do mundo. Ele cobre aproximadamente 30% da superfície da Terra. Se você comprimisse todas as massas terrestres, elas caberiam neste vasto oceano.

VIVENDO NO ESPAÇO

A nossa primeira aventura é uma rápida viagem ao EEI (Estação Espacial Internacional), o lugar espacial a mais tempo permanentemente habitado. Para chegar lá, vamos pegar uma carona no foguete russo Soyuz partindo de um cosmódromo no Cazaquistão. Não é longe, mas atracar na EEI pode ser complicado. Pode levar várias horas para ficar perfeitamente alinhado com a estação espacial, que se move rapidamente. Uma vez a bordo nos juntaremos à tripulação para uma deliciosa refeição de comida espacial liofilizada, de baixa umidade, pré-cozida e desidratada!

PARA QUE SERVE ISSO?

Os cientistas na EEI estudam uma variedade de tópicos, de astronomia até condições climáticas e medicina. Eles estão especialmente interessados nos efeitos que a vida espacial a longo prazo tem sobre o corpo humano. Futuros planos para colonizar planetas e viagens interestelares dependem disso.

O corpo humano perde massa óssea e muscular na gravidade zero, então os astronautas da EEI se exercitam por, pelo menos, duas horas todo dia. Observe que o nosso corredor está amarrado à esteira ergométrica para que ele não saia flutuando.

AVISTE A ESTAÇÃO: A EEI é o terceiro objeto mais brilhante no céu noturno, depois da Lua e de Vênus. Para vê-lo passando no alto, visite http://spotthestation.nasa.gov para obter uma lista das aparições.

A EEI

A EEI é a maior nave espacial já construída. Com um custo de mais de U$120 bilhões de dólares, ela também é o objeto mais caro já fabricado. O EEI está em órbita terrestre baixa, a apenas 400 km acima. Ela fica zunindo a aproximadamente 27.600 km/h e completa uma órbita pela Terra a cada 92 minutos. A EEI sempre abriga pelo menos três tripulações, com lugar para até sete visitantes a mais a qualquer momento. Os tripulantes geralmente ficam por cerca de seis meses.

Os tripulantes da EEI avistam 16 nasceres do sol e pores do sol a cada dia.

Suporte central

Braço robótico

Painéis solares

A EEI está construída sobre um suporte central. Ele possui oito pares de painéis solares que produzem eletricidade a partir da luz solar.

A LINHA DE MONTAGEM DO EEI

Dezesseis países estiveram envolvidos na construção da EEI. Com mais ou menos o tamanho de um campo de futebol, ela foi construída no espaço, módulo por módulo, começando em 1998.

Os astronautas pendem acima da Terra ao firmar novos módulos à EEI. A maior parte da obra de construção completou-se em 2011.

Suprimentos de comida, ar, água e equipamentos são entregues regularmente por espaçonave não tripulada. Missões de suprimento são realizadas pela nave espacial russa *Progress*, os veículos de transferência automatizados europeus, os veículos japoneses *Kounotori* e as espaçonaves americanas *Dragon* e *Cygnus*.

Existem dois toaletes na EEI. A urina é filtrada e devolvida ao suprimento de água potável da estação.

Os primeiros módulos da estação espacial *Gateway* estarão no lugar em 2024. Haverá espaço para quatro tripulantes. Por ser tão distante e muito cara, a estação pode não ser permanentemente habitada. O Canadá, a ESA (Agência Espacial Europeia) e o Japão também contribuirão com a *Gateway*.

O FUTURO

A EEI fechará em 2030, se não antes. A China pretende ter uma estação espacial permanentemente habitada em órbita nas próximas décadas. A NASA tem plano para uma nova estação espacial chamada Gateway que vai orbitar a Lua, onde ficará perfeitamente posicionada para atividades na Lua bem como para missões espaciais de longa duração.

ESPAÇO PARTICULAR

Em um novo processo, empresas privadas estão agora se aventurando no espaço ou planejando fazê-lo. Estações espaciais comerciais planejam vender pesquisa espacial aos cientistas e eles podem até abrir hotéis onde se possa tirar umas férias espaciais.

A primeira estação espacial particular do mundo pode se parecer mais ou menos com esta, projetada pela companhia norte-americana *Axiom*.

COMO A LUA SE FORMOU

Depois que a Terra se formou, um pequeno planeta a atingiu, destroçou-se e arremessou rocha terrestre no espaço. Pedacinhos da Terra e do planeta se fundiram, formando a Lua.

Terra

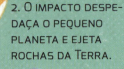
Planeta pequeno

1. Um pequeno planeta se lança em direção à Terra.

2. O impacto despedaça o pequeno planeta e ejeta rochas da Terra.

Lua

3. Rochas ejetadas e pedaços do pequeno planeta são capturados pela gravidade da Terra.

Terra

4. Aos poucos os pedaços se moldam, transformando-se na nossa Lua redonda.

BASE LUNAR

Uma base lunar seria um refúgio seguro no caso de uma catástrofe na Terra. Mas também seria a plataforma de lançamento perfeita para estabelecer uma colônia em Marte e explorar o resto do Sistema Solar e o espaço profundo. A gravidade da Lua é só 17% da gravidade da Terra, então é muito mais fácil lançar uma espaçonave de lá.

Telescópio
Telescópio lunar
Estufa lunar

Os cientistas estão estudando maneiras de cultivar frutas e vegetais frescos na Lua.

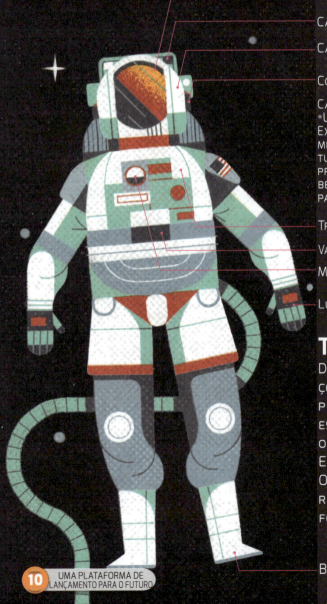

- Visor
- Câmera de TV
- Capacete
- Comunicações

Cada EMU* (*EMU, em português, *UME = Unidade de Mobilidade Extraveicular) custa aproximadamente US$250 milhões. Ela possui tudo que um ou uma astronauta precisa, incluindo água para beber e uma fralda adulta para chamados da natureza.

- Traje superior rígido
- Válvula de controle da temperatura
- Módulo de controle
- Luvas

TRAJADO

Do lado de fora de uma espaçonave ou base, as pessoas precisam vestir trajes espaciais resistentes, como o EMU (Unidade de Mobilidade Extraveicular) da NASA. O traje bloqueia a perigosa radiação e o frio enquanto fornece ar para respirar.

- Botas lunares

PARA A LUA

A próxima parada é no nosso vizinho mais próximo, a Lua. A aproximadamente 385.000 km da Terra, em termos cósmicos, a Lua está bem ao lado. Ainda que as pessoas não tenham pisado nela desde a última missão Apollo em dezembro de 1972. A viagem espacial requer tecnologia de ponta e vem com uma etiqueta de preço de respeito. Os módulos lunares precisam de um lançador (para decolar do solo), um foguete (para a viagem de três dias), uma cápsula (para transportar a tripulação) e um módulo de aterrissagem. Cientistas de vários países e até algumas empresas privadas estão planejando retornar à Lua. Eles pretendem estabelecer uma colônia lá, dentro de uma ou duas décadas. Com o desenvolvimento do turismo espacial, você pode até ter sorte o bastante para você mesmo andar na Lua!

PARA O SOL

A missão de hoje é quente em todos os sentidos da palavra: estamos partindo para o Sol! A nossa viagem terá aproximadamente 150 milhões de quilômetros, e já que viajaremos na velocidade da luz, estaremos lá em aproximadamente oito minutos. Embora o chamemos de Sol, ele é na verdade uma estrela, assim como todas as outras estrelas que podemos ver no céu noturno, mas muito mais próxima. Como a maioria das estrelas, o nosso Sol é uma imensa e flamejante bola de gás. Em seu núcleo, o hidrogênio se converte em hélio em um processo chamado fusão nuclear, e isso gera uma grande quantidade de energia que é emitida na forma de calor e luz. O Sol constitui 99,8% da massa de nosso Sistema Solar e sua imensa gravidade mantém todos os planetas, luas, asteroides e cometas em órbita ao redor dele.

ZONA DE CONVECÇÃO
Nesta área, a energia do Sol se agita ao redor.

FOTOSFERA
A camada atmosférica cuja luz brilha em nós.

ZONA RADIATIVA
Energia do núcleo abre caminho até a superfície. Ela pode levar 100.000 anos para atravessar essa zona.

NÚCLEO
O núcleo do Sol é como um gigantesco reator nuclear. A temperatura é de aproximadamente 15 milhões °C!

Se pudéssemos capturar a energia que o Sol gera em apenas um segundo, ela forneceria toda a nossa energia necessária na Terra por 500 milhões de anos.

CORONA
A camada externa da atmosfera do Sol.

MANCHAS SOLARES
As porções escuras na superfície do Sol são conhecidas como manchas solares. Elas são causadas por mudanças no campo magnético do Sol e aparecem em um ciclo de 11 anos.

VENTO SOLAR

A corona do Sol emana um jato de partículas carregadas chamadas de vento solar que sopra pelo Sistema Solar a quase um milhão e setecentos quilômetros por hora. Felizmente, a Terra tem um campo magnético que nos protege desse vento, embora tempestades solares muito poderosas possam derrubar satélites e redes de energia. Alguns cientistas têm pensado em construir espaçonaves com imensas velas que capturem esse vento, impulsionando-as pelo Sistema Solar sem a necessidade de combustível.

A Sonda Solar Parker ao ser lançada do Cabo Canaveral. A sonda tentará decifrar os segredos do vento solar e também explicar por que a corona do Sol é mais quente do que sua superfície, entre outras coisas.

ESQUADRINHANDO O SOL

Em agosto de 2018 a NASA lançou uma de suas missões mais quentes – e mais legais – até o momento. A Sonda Solar Parker é mais ou menos do tamanho de um carro pequeno e já quebrou dois principais recordes espaciais: ela viajou mais rápido do que qualquer outro objeto feito pelo homem e chegou mais perto do Sol do que qualquer outra espaçonave. Ela quebrará esses dois recordes muitas vezes nos próximos seis anos, alcançando uma velocidade máxima de cerca de 695.000 km/h em 2024.

Em sua abordagem mais próxima do Sol em 2025, a sonda vai se arremeter contra a corona, ou atmosfera mais externa, a apenas 6 milhões de km de sua superfície.

SONDA SOLAR PARKER
A sonda foi nomeada em homenagem a Eugene Parker, o cientista que explicou o que causa o vento solar.

LABAREDAS SOLARES
Gigantescas labaredas solares estouram na superfície do Sol quando a energia magnética armazenada é repentinamente liberada.

A Sonda Solar Parker está protegida por um escudo espesso de 12 cm que pode voar a temperaturas de quase 1400°C.

INGRESSO QUENTE

A NASA convidou pessoas para apresentar seus nomes online para serem colocados em um microchip a bordo da sonda.

Mais de 1,1 milhão de nomes foram enviados e estão agora a bordo da sonda enquanto ela faz sua viagem histórica.

DEMONSTRAÇÕES AÉREAS

A Sonda Parker completou sua quinta bem-sucedida demonstração aérea do Sol em junho de 2020. Ela fará mais 19 no decorrer dos próximos cinco anos.

Demonstrações aéreas
Sol

13

O SISTEMA SOLAR

Antes de continuarmos as nossas aventuras, vamos recuar por um instante e avaliar a situação da redondeza. Precisamos planejar as nossas próximas viagens. A Terra é um dos oito planetas que orbitam o Sol. Mas existem também milhões de asteroides e bilhões de cometas, bem como luas e planetas secundários, poeira e gás, todos girando em torno do Sol na forma de um vasto disco rodopiante. Este é o nosso Sistema Solar.

MANTIDO EM ÓRBITA

Quanto mais gigantesco é um objeto, mais gravidade ele possui. O Sol é tão imenso que sua gravidade puxa todos os objetos no Sistema Solar em direção a ele. Mas esses objetos, que estão se movendo muito rapidamente, tentam voar para longe do Sol, para o espaço sideral. O resultado é que tudo é mantido em órbita, se equilibrando entre voar rumo ao Sol e escapar para o espaço.

OS PLANETAS

Os oito planetas estão divididos em dois grupos. Os quatro internos, incluindo a Terra, são pequenos e rochosos, enquanto os quatro externos são grandes e gasosos. Os planetas internos têm superfícies firmes e contêm muito metal. Entre os planetas externos, os dois maiores – Júpiter e Saturno – são compostos principalmente de hidrogênio e hélio, e são gigantes gasosos. Os dois planetas mais afastados do Sol – Urano e Netuno – são compostos de diferentes tipos de gelo e são chamados de gigantes gelados.

Aqui se podem ver os tamanhos relativos dos planetas em nosso Sistema Solar.

O NASCIMENTO DO SISTEMA SOLAR

O nosso Sistema Solar se formou há cerca de 4,6 bilhões de anos a partir de uma enorme nuvem de gás e poeira interestelar. Quando a nuvem entrou em colapso, provavelmente por causa das ondas de choque da explosão de uma estrela próxima, o Sol se formou. Os planetas se agruparam ao redor dele.

1. Uma nuvem gigantesca formada de poeira, hidrogênio e outros gases flutua pelo universo.

2. A nuvem se desintegra. O centro se torna tão quente que uma fusão nuclear começa e o nosso Sol nasce. Ele é cercado por um disco rodopiante de poeira e gás.

3. O material rodopiante ao redor do Sol aos poucos começa a se agrupar e os planetas e suas luas se formam.

4. Atualmente os planetas em nossos Sistema Solar são distintos, mas existem ainda pedacinhos de materiais restantes da construção, especialmente no cinturão de asteroides e muito mais afastado, no Cinturão de Kuiper.

PLANETAS ANÕES

O Sistema Solar também tem um número desconhecido de planetas anões. Até o momento, somente cinco foram oficialmente reconhecidos, mas existem mais centenas à espera. Os planetas anões são arredondados e orbitam o Sol por conta própria. Com a exceção de Ceres, todos os planetas anões se encontram nas extremidades do Sistema Solar, no Cinturão de Kuiper.

OS MISTÉRIOS DE MERCÚRIO

Mercúrio é o menos explorado dos planetas internos. Só duas missões o visitaram: Mariner 10 (1974-1975) e Messenger (2011-2015). Elas forneceram muita informação, mas a nova missão BepiColombo ainda tem muitos enigmas a resolver.

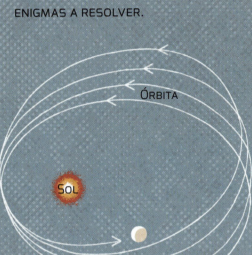

ESTRUTURA
Mercúrio tem um núcleo de ferro muito grande. Talvez o Sol tenha vaporizado a superfície do planeta quando ele se formou, ou talvez tenha colidido com outro objeto, desbastando sua superfície.

ÓRBITA
Mercúrio passa zunindo ao redor do Sol em apenas 88 dias, mais veloz do que qualquer outro planeta. Sua órbita é bem elíptica – o que significa que uma extremidade da órbita está muito mais perto do Sol do que a extremidade oposta. Não sabemos o porquê.

Ideias para colônias incluem escavar no subsolo ou construir imensos domos cheios de oxigênio extraído das rochas locais. Mercúrio possui gelo em seus polos que podem ser derretidos dentro dos domos para criar vapor e para irrigação. Aos poucos, um clima habitável se formaria dentro dos domos.

BEPICOLOMBO

Esta empolgante nova missão a Mercúrio lançada em 2018 vai entrar na órbita de Mercúrio em 2025. A espaçonave conjunta europeia e japonesa possui três componentes lançados juntos, mas que vão se separar quando chegarem a Mercúrio. Eles vão investigar as origens, estrutura, crateras e campo magnético do planeta, entre outras coisas.

Isolamento espesso para suportar altas temperaturas

Painéis solares

MERCÚRIO

É melhor se segurar para esta viagem! Estamos planejando visitar Mercúrio, o menor planeta no Sistema Solar e o mais próximo do Sol. Embora Mercúrio não seja o corpo mais quente no Sistema Solar, ele passa pelas maiores oscilações de temperatura de qualquer planeta. Sem um traje especial, você torraria em 430°C durante o dia, enquanto de noite congelaria no ato conforme as temperaturas caíssem abaixo de -180°C. Com pouca atmosfera para protegê-lo, o planeta é bombardeado com asteroides, como sua superfície esburacada mostra. Pensando bem, por hoje talvez apenas pairemos, fitando a superfície estéril abaixo, mas sabendo que daqui a centenas de anos podemos ter uma colônia lá.

PODERÍAMOS COLONIZAR MERCÚRIO?

A vida em Mercúrio seria desafiadora. Além dos extremos de calor e frio, o planeta quase não tem atmosfera. Ainda assim, as pessoas são atraídas pelas riquezas de Mercúrio. Se pudesse ser minerado, Mercúrio possui minerais suficientes para suprir nossas necessidades por séculos. Sua proximidade do Sol significa que seria uma excelente fonte de energia. Isso poderia ser armazenado com imensos painéis solares e emitido de volta para a Terra ou para colônias na Lua ou qualquer lugar no Sistema Solar.

Uma colônia sobre rodas seria uma maneira de superar o clima mortal de Mercúrio. A colônia se moveria para ficar na zona do crepúsculo entre o dia e a noite onde as temperaturas são suportáveis. Mercúrio gira lentamente e um dia dura o equivalente a 58,6 dias terrestres, então a ideia não é tão louca quanto parece.

Uma colônia móvel em Mercúrio centenas de anos no futuro.

Mercúrio tem uma das maiores crateras de impacto no Sistema Solar: a Bacia Caloris. Com cerca de 1.560 km de diâmetro, ela deve ter sido atingida por um corpo de pelo menos 100km de diâmetro.

Mercúrio não tem satélites naturais ou luas.

CRATERAS

A sonda Messenger mapeou o planeta e sabemos que partes da superfície de Mercúrio são densamente marcadas com crateras formadas pelas colisões com asteroides e cometas. Outras partes são lisas e existem altos penhascos e extensas cordilheiras.

A sonda Messenger da Nasa acrescentou outra cratera quando colidiu em Mercúrio em 2015.

VÊNUS

Vênus é um lugar tão hostil que muitas vezes é chamado de gêmeo infernal da Terra. À primeira vista os dois planetas parecem semelhantes; eles têm aproximadamente o mesmo tamanho, possuem composição e massa similares e estão mais ou menos à mesma distância do Sol, mas é aí que as similaridades terminam. Vênus está oculto por nuvens espessas que nos impedem de ver sua superfície, embora sondas espaciais tenham espiado através delas para visualizar um mundo estéril abaixo. As nuvens estão cheias de ácido sulfúrico e a atmosfera é tão pesada que a pressão na superfície do planeta é 90 vezes maior do que na Terra. Se você também considerar que Vênus é o planeta mais quente no Sistema Solar, com temperaturas diurnas disparando até 470°C, você vai entender por que não vamos aterrissar lá hoje!

VENERA-D

Esta missão russa a Vênus está planejada para lançamento em 2029 ou 2031. Ela terá um orbitador e um aterrissador que sobreviverá no planeta por duas horas. Diversas espaçonaves Venera aterrissaram em Vênus. Na verdade, em 1967, a Venera 4 foi a primeira espaçonave a aterrissar em outro planeta. Essas sondas só duraram uma ou duas horas, mas enviaram de volta muitas informações vitais.

MONTANHAS & VULCÕES

Maat Mons é um vulcão gigantesco que se situa a 8 km de altura. Existem outros vulcões em Vênus, mas este o é mais alto. Vênus também tem cordilheiras.

VAMP

Esta aeronave, conhecida como VAMP (Plataforma Manobrável Atmosférica de Vênus), é um conceito para uma missão que exploraria a atmosfera do planeta por sinais de vida e também tirar medições atmosféricas. Desenvolvida por companhias espaciais particulares, ela pegaria uma carona até Vênus em outra espaçonave, talvez até Venera-D (veja acima).

ESPAÇONAVE VAMP

EFEITO ESTUFA

A maior parte da luz solar não consegue passar pelas nuvens espessas acima de Vênus. E o pouco que atinge a superfície se transforma em calor, mas não consegue escapar novamente por causa das nuvens. Isso é o que torna Vênus tão quente.

- Um pouco de luz solar consegue atravessar
- As nuvens refletem a maior parte da luz solar
- Nuvens espessas
- A luz solar se transforma em calor
- O calor não consegue escapar

COLÔNIAS FLUTUANTES

Por algum tempo a NASA cogitou a ideia surpreendente de explorar Vênus. Chamada de HAVOC (sigla em inglês para Conceito Operacional de Alta Altitude de Vênus), ela consistia em espaçonaves parecidas com um zepelim cheias de hélio flutuando sobre as nuvens tóxicas aproximadamente 50 km acima de Vênus. No fim decidiu-se que a missão HAVOC seria incrivelmente complexa e foi arquivada.

Espaçonaves flutuantes permanentes

Espaçonave HAVOC

Alguns cientistas acham que Vênus pode estar escondendo alguns segredos fabulosos debaixo de suas nuvens. Bilhões de anos atrás, quando o Sol era mais frio, Vênus pode ter tido vida primitiva. Como um astrobiólogo colocou: "Se Vênus não teve vida, então nós realmente não entendemos por que a Terra tem vida."

19

PLANETA VERMELHO

Marte é coberto por uma camada de rochas e poeira vermelha ricas em ferro. Ventos fortes muitas vezes produzem tempestades que podem durar semanas. Existe muito pouca água em Marte e está totalmente congelada. Ambos os polos são cobertos por água congelada, ou calotas de gelo.

HOMEM ESTELAR

Em 2018, Elon Musk, fundador da companhia espacial particular SpaceX, colocou em órbita seu Tesla Roadster. Ele foi carregado em seu foguete Falcon Heavy, o foguete mais poderoso existente. Completo com um piloto-manequim, ele clangorou *Life on Mars* (*A Vida em Marte) de David Bowie ao ajustar a órbita ao redor do Sol.

LUAS

Marte tem duas luas chamadas Deimos e Fobos. Ambas são pequenas e de formato peculiar, mais como nacos de rocha do que luas lisas e arredondadas como a nossa.

PERSEVERANCE

Esse jipe-robô do tamanho de um carro tocou o solo da cratera Jezero em Marte em 2021. Seus objetivos são estudar as rochas e o solo por sinais de vida passada, recolher amostras que retornarão à Terra pelas missões futuras e testar tecnologias que ajudarão um dia os humanos a sobreviver em Marte.

O *Perseverance* possui uma variedade de câmeras e sensores de alta tecnologia para gravar e analisar suas descobertas na superfície de Marte.

COLÔNIA EM MARTE

A primeira colônia em Marte será estabelecida em 2040, se não antes. Já temos a maior parte da tecnologia. Os governos chinês, americano e russo estão todos pesquisando colônias em Marte, junto com diversas empresas privadas. Um dia até você mesmo pode ir a Marte!

As primeiras pessoas em Marte provavelmente viverão em domos espaciais onde estarão protegidas do frio extremo, baixa pressão, alta radiação e falta de oxigênio no ar. Uma alternativa é talvez viver no subsolo.

Trajes espaciais de Marte, conhecidos como "trajes de campo", serão extrarresistentes. Marte é extremamente frio e o ar é quase todo de gás carbônico. Até mesmo um pequeno buraco em um traje seria mortal.

MARTE

Agora estamos sobrevoando o planeta vermelho, prontos para aterrissar. Muitas pessoas acham que Marte será o primeiro lugar a ter uma colônia espacial permanente. Mas antes de chegarmos lá, vamos verificar algumas estatísticas marcianas:

Com mais ou menos a metade do tamanho da Terra, o planeta vermelho não tem água líquida e é completamente coberto de areia e rochas tóxicas estéreis. Marte é o quarto planeta a partir do Sol e muito mais frio do que a Terra. Falta a gravidade para manter uma atmosfera densa e quase não há oxigênio em seu ar. Com 24,6 horas, um dia marciano é só um pouco mais longo do que um dia terrestre e o planeta tem estações como nós temos, mas elas são mais extensas e mais extremas. Marte talvez tenha um dia abrigado vida, mas é um lugar muito hostil agora, especialmente para humanos. Colonizar o planeta vermelho é possível, mas será um desafio único e oneroso.

INSIGHT LANDER

A sonda *InSight Lander* da NASA tocou o solo de Marte no final de 2018. Logo utilizou seu sismógrafo e uma sonda de calor para começar a explorar Marte sob a superfície. Ela já gravou mais de 500 "martemotos*" (*abalos sísmicos em Marte) e descobriu muito sobre a estrutura do planeta.

Painel solar

Painel solar

Sismógrafo

Sonda de calor

As pessoas e as pesadas cargas de suprimento provavelmente viajarão em cápsulas separadas para chegar à superfície de Marte e aterrissar em segurança, como sondas não tripuladas já fizeram.

Nosso Sol nascendo em Marte

Foguete

Fazenda de Marte

A espaçonave também precisará ser capaz de partir de Marte novamente, para que as pessoas possam ir para casa ou rumo ao espaço sideral.

21

LUCY NO CÉU

Lançada em 2021, a espaçonave Lucy da NASA será a primeira a visitar os asteroides troianos de Júpiter. É uma missão empolgante porque Lucy visitará sete asteroides ao longo de 12 anos. A informação que Lucy coletar nos dirá muito sobre as origens do Sistema Solar.

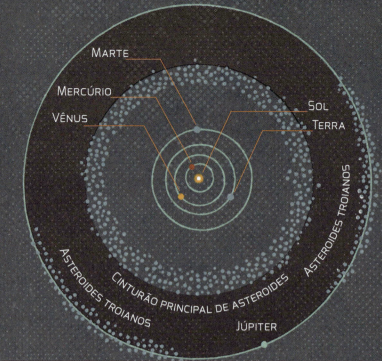

O CINTURÃO PRINCIPAL & MAIS

A maioria dos asteroides orbitam o Sol em um cinturão entre Marte e Júpiter. Existem também dois grandes grupos deles na mesma órbita de Júpiter, conhecidos como os asteroides troianos e mais milhares espalhados entre os quatro planetas internos.

PODERÍAMOS VIVER EM UM ASTEROIDE?

Não confortavelmente e não tão cedo. Os asteroides não têm atmosfera, então os humanos estariam expostos à perigosa radiação e raios cósmicos. Há também fraca gravidade, que é difícil para os nossos corpos. Teríamos que construir estruturas protetoras e fornecer gravidade artificial. Minerar em asteroides é mais provável. Muitos são ricos em minerais como ouro e platina. No futuro, se a Terra carecer desses recursos, o custo de minerar asteroides pode valer a pena.

Este foguete está lotado de pequenos asteroides que mineradores espaciais capturaram. Eles estão sendo enviados de volta à Terra para serem processados.

Talvez esta seja a aparência de uma estação de mineração em um asteroide em algum momento do futuro distante.

ROCHAS VOADORAS

ASTEROIDES

Com Marte às nossas costas, estamos correndo em direção ao cinturão de asteroides. Podemos ver alguns caroços gelados de rocha voadora, ou asteroides, aparecendo adiante. Eles estão bastante afastados e por isso há muito espaço para passarmos rápido pelo cinturão principal ilesos. Os asteroides são partículas e pedaços de sobras de quando o Sistema Solar foi formado. O cinturão principal de asteroides é um planeta que nunca foi moldado porque a gigantesca gravidade de Júpiter impediu as rochas de se aglutinarem. A ficção científica está cheia de histórias sobre pessoas pousando em asteroides, minerando seus metais e até os colonizando, então vamos dar uma olhada mais de perto.

Os asteroides giram em torno do Sol, assim como os planetas. Mas eles são muito menores, variando de algumas centenas de quilômetros até o tamanho de um pedregulho.

OS QUATRO GRANDÕES

Cerca de metade da massa do cinturão de asteroides se concentra em seus quatro corpos principais: Ceres, Vesta, Pallas e Hígia. Ceres é larga o bastante para ser contada como um planeta anão.

Ceres · Vesta · Pallas · Hígia

TREINO DE DARDOS

Alguns dos asteroides no interior do Sistema Solar chegam bem perto da Terra. Eles são conhecidos como NEOs (NEO é o acrônimo para *Near Earth Objects*, ou seja, Objetos Próximos da Terra). Uma vez a cada 10 milhões de anos ou por volta disso, um grande asteroide atinge o nosso planeta, com resultados devastadores. Os cientistas vigiam de perto os NEOs e até treinam o que poderia ser feito para prevenir uma colisão catastrófica. O DART (Double Asteroid Redirection Test* – *Teste de Redirecionamento Duplo de Asteroide) é um desses exercícios.

No improvável evento de um NEO vir contra a Terra, a melhor coisa a fazer seria tentar desviá-lo do curso.

Em 2022 a espaçonave DART da NASA vai abordar um NEO chamado Didymos. Este asteroide tem uma luazinha (apelidada de Didymoon) e ela é o alvo da NASA.
O DART vai se chocar contra a Didymoon a aproximadamente 22.000 km/h numa tentativa de "cutucá-la" de leve para uma direção diferente.

23

SALTANDO PARA JÚPITER

Você pode pensar que, se Júpiter é formado de gás, então você poderia saltar através dele. Existem muitos motivos por que você não pode. Primeiro porque você seria fulminado pela radiação, e os gases em Júpiter seriam tóxicos para você. Mesmo que você usasse um traje espacial superforte e resistente à radiação, você seria esmagado pela imensa pressão dentro do planeta e incinerado como fritura pelas altas temperaturas.

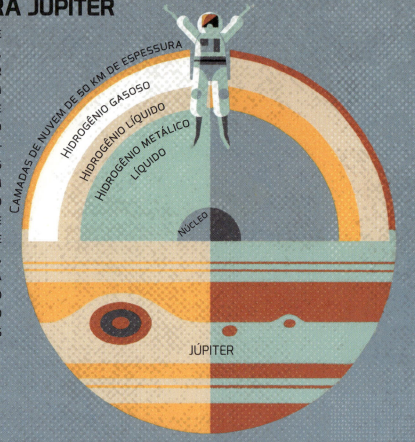

JÚPITER

Surgindo agora à sua direita está o maior planeta do nosso Sistema Solar: Júpiter. Esse gigante gasoso tem 2,5 vezes a massa de todos os outros planetas juntos. Júpiter é tão gigantesco que é quase uma estrela. Se tivesse só um pouco mais de massa, a temperatura em seu núcleo seria grande o bastante para induzir fusão nuclear e ele brilharia como o Sol. Apesar de seu grande tamanho, Júpiter gira muito rápido, tanto que ele se avoluma na cintura, e um dia em Júpiter dura menos de 10 horas. Podemos ampliar a imagem sobre esse vasto planeta, admirando sua beleza notável, mas não podemos aterrissar nele porque, diferente dos quatros planetas internos, ele não possui crosta sólida. Júpiter é formado quase inteiramente de gás.

AS LUAS GALILEANAS

O astrônomo italiano Galileo Galilei descobriu as quatro maiores luas de Júpiter em 1610. Elas são todas maiores do que os planetas anões em nosso Sistema Solar. Ganimedes é a maior lua no Sistema Solar e é maior até do que Mercúrio.

TODAS AS LUAS

Júpiter tem 79 luas. As luas descobertas por Galileo orbitam mais próximas a Júpiter. Muitas das luas externas orbitam na direção oposta a que Júpiter gira. Isso sugere que elas são provavelmente asteroides que foram capturados pela gravidade do planeta.

JUICE

O JUICE (Jupiter Icy Moons Explorer – Explorador das Luas Geladas de Júpiter) chegará a Júpiter em 2029 e começará observando o planeta e três de suas maiores luas. Entre outras coisas, ele verá se seria possível aterrissar em Europa.

VAMOS BRINDAR!

As regiões polares de Júpiter não são visíveis da Terra. Juno enviou de volta as primeiras imagens dos polos. Os cientistas ficaram impressionados ao descobrir que são recobertos por enormes ciclones.

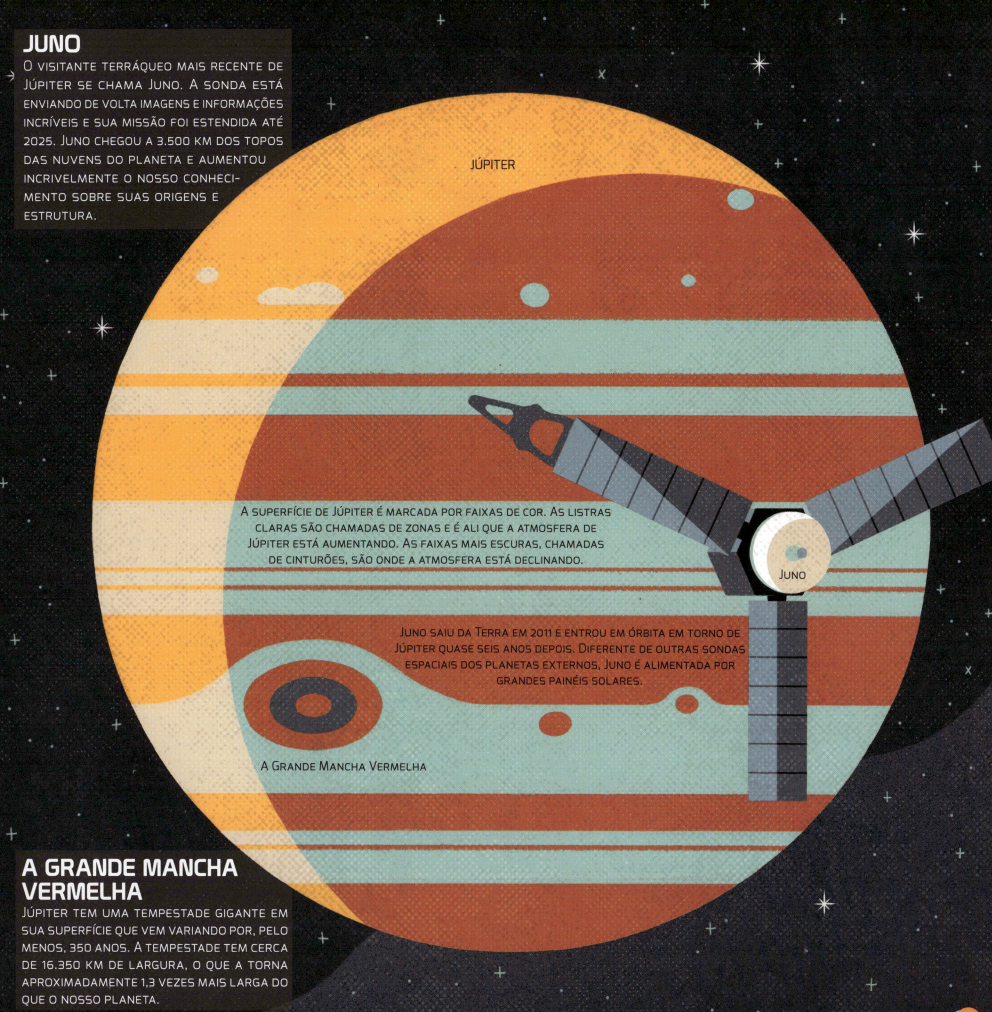

JUNO

O visitante terráqueo mais recente de Júpiter se chama Juno. A sonda está enviando de volta imagens e informações incríveis e sua missão foi estendida até 2025. Juno chegou a 3.500 km dos topos das nuvens do planeta e aumentou incrivelmente o nosso conhecimento sobre suas origens e estrutura.

JÚPITER

A superfície de Júpiter é marcada por faixas de cor. As listras claras são chamadas de zonas e é ali que a atmosfera de Júpiter está aumentando. As faixas mais escuras, chamadas de cinturões, são onde a atmosfera está declinando.

Juno saiu da Terra em 2011 e entrou em órbita em torno de Júpiter quase seis anos depois. Diferente de outras sondas espaciais dos planetas externos, Juno é alimentada por grandes painéis solares.

JUNO

A GRANDE MANCHA VERMELHA

A GRANDE MANCHA VERMELHA

Júpiter tem uma tempestade gigante em sua superfície que vem variando por, pelo menos, 350 anos. A tempestade tem cerca de 16.350 km de largura, o que a torna aproximadamente 1,3 vezes mais larga do que o nosso planeta.

LIBÉLULA EM TITÃ

A NASA está planejando enviar uma sonda robótica chamada *Dragonfly* (*Libélula) para Titã, a maior lua de Saturno. A Dragonfly será como um laboratório móvel de ciências e examinará a superfície de Titã para procurar sinais de vida. Ela fará uma série de decolagens e aterrissagens controladas para que possa tirar amostras de inúmeros locais em partes distintas da lua no decorrer de dois anos.

Saturn

1. A primeira aterrissagem da Dragonfly será com a ajuda de um paraquedas.

2. A Dragonfly decolará e aterrissará verticalmente.

3. No solo, a Dragonfly vai colher amostras da superfície e examiná-las, enviando os resultados de volta para a Terra.

Titã é a segunda maior lua no Sistema Solar, após a Ganimedes de Júpiter. Ela é maior do que Mercúrio.

FATOS SINGULARES SOBRE SATURNO

Saturno é imenso. É tão grande que nove Terras caberiam lado a lado sobre seu diâmetro, e você poderia comprimir 763 Terras dentro dele.

Saturno

Terras

Saturno tem os segundos ventos mais velozes do Sistema Solar. Eles sopram a 1.800 km/h em sua atmosfera superior. Essas ventanias se juntam com calor emanando do planeta para formar as belas faixas amarelas e douradas em sua superfície.

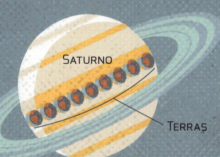

Astronauta levado embora

Saturno é o planeta menos denso do Sistema Solar. É menos denso do que a água. Se você pudesse encontrar um oceano grande o suficiente, ele flutuaria no topo dele.

Saturno

Água

MUNDO AQUÁTICO BRILHANTE

Com cerca de 500 km de largura, a sexta maior lua de Saturno, Encélado, não é muito grande, mas fascina os cientistas. Esta luazinha é coberta por um oceano global cuja camada superior é totalmente congelada. No interior, Encélado parece formar muito calor, mas não sabemos por quê. Algumas substâncias químicas que são os blocos de construção da vida na Terra também foram detectados. Todas essas coisas fazem os cientistas achar que este talvez seja um lugar que favorece a vida.

Crosta de gelo
Oceano global
Núcleo rochoso

Encélado

O exterior congelado de Encélado reflete luz, fazendo-a parecer brilhante de longe. Jatos de gelo disparando da lua alimentam um dos anéis de Saturno.

SATURNO

Estamos nos aproximando de Saturno, o segundo maior planeta do Sistema Solar e sexto a partir do Sol. A vista é de tirar o fôlego! Saturno é enfeitado com um sistema de anéis espetacular que se estende 282.000 km além do próprio planeta. Apesar de sua largura, os anéis têm menos de 1 km de profundidade e cada anel orbita Saturno a uma velocidade diferente. Entre os anéis e também bem além deles, Saturno tem 82 luas. Somente 13 delas têm mais de 50 km de largura e apenas sete delas são consideradas luas principais. O próprio Saturno é um gigante gasoso, como Júpiter, e sua atmosfera é composta principalmente de hidrogênio e hélio. Ele fica muito distante e só quatro missões o visitaram: Pioneer 11, Voyagers 1 e 2 e Cassini-Huygens.

4. Examinar diversos locais dará aos cientistas uma ideia melhor das condições gerais em Titã.

CASSINI-HUYGENS

A missão Cassini-Huygens explorou Saturno por 13 anos (2004-2017). A espaçonave era composta de duas partes, o módulo Huygens e a sonda Cassini. Eles viajaram juntos, entrando na órbita de Saturno em junho de 2004. Huygens se separou de Cassini em dezembro de 2004, aterrissou em Titã e enviou informações para a Terra por cerca de 90 minutos. Cassini orbitou Saturno até 2017.

Cassini perdurou bem além da sua data final original. Em seu período final ela executou inúmeras manobras arriscadas entre o planeta e seus anéis. Ela foi por fim desorbitada e incinerada na atmosfera de Saturno.

SISTEMA DE ANÉIS

O astronauta holandês Christiaan Huygens obteve a primeira visão clara dos anéis em 1655. Desde então os cientistas descobriram que Saturno possui vários sistemas de anéis principais, cada um composto por uma série de aneizinhos mais estreitos, de modo que existem, na verdade, milhares de anéis circundando o planeta. Ninguém sabe como os anéis começaram, mas eles podem ter se formado quando as luas ou cometas de gelo se aproximaram demais e foram destroçados pela poderosa gravidade de Saturno.

SATURNO

Os anéis de Saturno são compostos por bilhões de pedaços de gelo cujo tamanho varia de pequeninas partículas até protuberâncias do tamanho de um ônibus.

VOYAGERS 1 E 2

As espaçonaves gêmeas da NASA Voyager 1 e Voyager 2 foram lançadas com apenas 16 dias de diferença em 1977. Sua missão original era estudar o Sistema Solar externo. Ambas exploraram Júpiter e Saturno e então Voyager 2 prosseguiu para observar Urano e Netuno. As duas Voyagers agora atravessaram para o espaço interestelar. Elas ainda estão enviando de volta informações científicas por meio da Deep Space Network (DSN), ou Rede Espaço Profundo.

As Voyagers fizeram algumas descobertas incríveis, incluindo vulcões em erupção na lua Io de Júpiter, gêiseres na lua Tritão de Netuno e o choque de terminação em que o vento solar diminui bem nas bordas de nosso Sistema Solar.

REGISTRO DE OURO

Cada Voyager transporta uma cópia de um disco de cobre banhado a ouro de 30 cm que traz saudações para qualquer forma de vida que possam encontrar. Os discos têm 115 imagens e uma gama de sons diferentes da Terra, incluindo seleções de música e saudações faladas em 55 idiomas.

A Voyager 2 é a única espaçonave que visitou Urano.

VAMOS FAZER UMA VISITA À TITÂNIA

Tocamos o solo da maior lua de Urano, Titânia. Descoberta em 1787, ela tem cerca de 1.600 km de largura. Titânia é formada aproximadamente por metade água congelada e metade rocha. É muito fria, portanto precisamos de nossos trajes espaciais superaquecidos e também estamos levando o nosso próprio suprimento de ar porque a lua não tem atmosfera.

A vista de Urano a partir de Titânia é espetacular. Só que não ficaremos muito tempo. É frio demais!

URANO

Saltando aos olhos à frente está Urano, o terceiro maior planeta e sétimo a partir do Sol. Assim como os outros gigantes gasosos, ele tem muitas luas e um sistema de anéis. Mas sua característica mais marcante é que parece ser inclinado para o lado. Junto com seu vizinho, Netuno, Urano é conhecido como um "gigante gelado" porque gelos congelados de metano, água e amônia são abundantes no planeta. Urano também pode ser o planeta mais fedido, pois os cientistas descobriram que suas elevadas nuvens contêm sulfeto de hidrogênio, o gás que fede feito ovos podres! Urano está longe do Sol e recebe bem pouca luz ou calor. É muito frio nesse planeta.

ANÉIS

Os anéis ao redor de Urano são estreitos e bastante jovens. Eles não se formaram ao mesmo tempo que o planeta. Eles são feitos de poeira e pequenos pedaços de matéria escura e rochosa. Os anéis de Urano só foram descobertos em 1977.

LUAS

Urano tem 27 luas conhecidas. Elas são geralmente divididas em três grupos: 13 luas internas, as cinco luas principais e as nove luas irregulares.

As luas de Urano receberam todas nomes dos personagens das obras de William Shakespeare e Alexander Pope.

BATIDO PARA O LADO

Os cientistas acham que Urano colidiu com um grande objeto bem quando o Sistema Solar estava se formando. Como orbita o Sol, Urano é inclinado para o lado de modo que seu equador faz quase ângulos retos com a órbita e seus polos estão voltados diretamente para o Sol ou para o lado oposto.

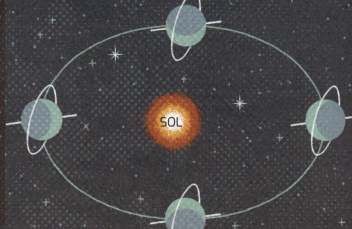

Netuno tem seis anéis de brilho fraco, cada um recebeu nome de um astrônomo.

Em 1989 a Voyager 2 avistou uma tempestade gigante similar à Grande Mancha Vermelha de Júpiter. Cinco anos depois, o telescópio Hubble foi incapaz de vê-la, mas encontrou outra tempestade no hemisfério norte do planeta.

NETUNO

Ao nos aproximarmos de Netuno, o planeta mais distante do Sol, nossos instrumentos mostram que estamos a 4,3 bilhões de km de casa e que levou 12 longos anos para chegarmos aqui. Se você pudesse contar a novidade por e-mail para seus amigos, eles receberiam a mensagem quatro horas após você apertar o "enviar". Ao pairarmos sobre o gigante de gelo azul, podemos ver sistemas de tempestade tão grandes quanto a Terra em sua atmosfera. Com ventos chispando a cerca de 2.400 km/h, Netuno é conhecido como o planeta mais ventoso. Ele obtém sua surpreendente cor azul do gás metano em sua composição.

UMA DESCOBERTA CALCULADA

A descoberta de Netuno foi feita em 1846 pelos astrônomos franceses e britânicos que calcularam sua existência usando a matemática baseada em variações na órbita de Urano. Um ano depois, cientistas em Berlim acharam o planeta exatamente onde os astrônomos tinham dito que ele estaria. Parece que Galileo Galilei também avistou o planeta em 1613, mas confundiu-o com uma estrela.

O Voyager 2 é a única espaçonave que visitou Netuno e ainda temos muito a aprender sobre esse mundo distante.

ESTRUTURA

Como Urano, Netuno tem uma atmosfera de hidrogênio, hélio e metano. Lá dentro, esses gases são comprimidos em uma massa lamacenta ao redor de um núcleo central, provavelmente formado de rocha e ferro.

Gases: hidrogênio, metano, hélio

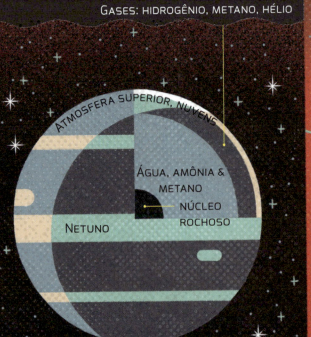

O TRITON HOPPER

O *Triton Hopper* é uma proposta da NASA para um módulo de pouso em Tritão que usará o nitrogênio da superfície da lua para se impulsionar para diversos locais. O *Hopper* tiraria fotografias e amostras dos gelos para analisar. Ele talvez até voe entre alguns gêiseres para ver do que são formados.

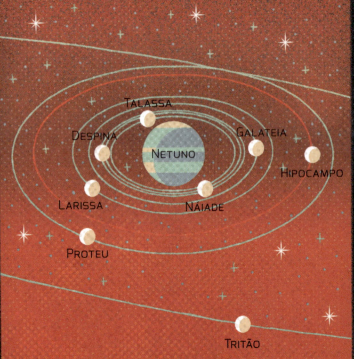

LUAS

Netuno tem 14 luas conhecidas, todas foram denominadas a partir de deuses e espíritos da água da mitologia grega. Há sete luas internas e sete luas externas. As luas internas, mostradas acima, têm órbitas redondas, já as luas externas circundam o planeta em ovais amplos.

30 O GIGANTE DE GELO AZUL

A INCRÍVEL TRITÃO

Tritão é a maior das 14 luas de Netuno. Foi descoberta em 1846 apenas 17 dias depois do próprio planeta. Tritão é uma lua incomum porque orbita seu planeta-mãe na direção oposta da de quase todo outro satélite no Sistema Solar. Isso faz os cientistas pensarem que Tritão é um objeto do Cinturão de Kuiper que foi capturado pela gravidade de Netuno. Daqui a cerca de três bilhões de anos ela se vai se lançar contra Netuno e ser totalmente destruída.

Se aterrissarmos aqui você precisará de um traje espacial realmente aquecido. Com temperaturas médias de superfície de -235°C, Tritão é o corpo mais frio conhecido no Sistema Solar. Há muito pouca atmosfera, então você precisaria trazer seu próprio suprimento de ar e caminhar em apenas oito por cento de gravidade pode ser difícil. Porém, você apreciaria vistas espetaculares dos gelos coloridos, das planícies niveladas e gêiseres deslumbrantes.

NETUNO

Gêiser

Gêiser

Aqui estamos nós em Tritão olhando para Netuno se erguer no horizonte.

A Voyager 2 é a única espaçonave que já visitou Tritão. Ela sobrevoou em 1989 e enviou de volta imagens mostrando gêiseres de poeira e nitrogênio originados de erupções da crosta da lua. Eles dispararam plumas de gelo de 8 km pelo ar por anos a fio.

31

NEW HORIZONS

A sonda espacial *New Horizons* foi lançada em 2006 com o objetivo de explorar Plutão e outros objetos do Cinturão de Kuiper, assim como as origens do nosso Sistema Solar. Viajando 100 vezes mais rápido do que um avião a jato, ela chegou a Plutão em julho de 2015 e nos deu a primeira visão real desse mundo fascinante. De Plutão, a New Horizons se dirigiu a um KBO (Objeto do Cinturão de Kuiper) congelado chamado Arrokoth.

Ele completou uma demonstração aérea no dia de ano novo de 2019 e levou 15 meses para transmitir todas as informações de volta à Terra. A New Horizons tem propulsor suficiente para viajar por pelo menos 20 anos e os astrônomos estão esperando mais informações e imagens incríveis nos anos vindouros.

Arrokoth

New Horizons

COMETAS

Os cometas são pequenas massas congeladas que orbitam o Sol. Quando suas órbitas os trazem para perto do Sol, eles aquecem e começam a liberar gás e poeira. Isso produz uma brilhante cabeça reluzente maior do que a maioria dos planetas e uma cauda que pode ter milhões de quilômetros. Só alguns milhares de cometas são conhecidos e denominados, mas acredita-se que existam bilhões a mais no Cinturão de Kuiper e na Nuvem de Oort.

Os cometas são feitos de pedaços de sobras da formação do Sistema Solar. Eles são principalmente gelo e rocha. Os astrônomos os chamam de "bolas de neve sujas". Cada cometa tem um pequeno centro congelado, chamado núcleo. Os cometas ficam mais brilhantes à medida que se aproximam do Sol, irradiando gás e poeira, então ficam mais fracos conforme se distanciam. Cada órbita os deixa levemente menores do que a anterior.

A maioria dos cometas segue trajetórias elípticas longas (ovais) que os aproxima do Sol em parte de sua órbita, e depois parte para dimensões mais afastadas do Sistema Solar no restante.

Direita: cometa orbitando o Sol

Sol

CONFINS DO SISTEMA SOLAR

Deixamos Netuno bem para trás e estamos agora nos aventurando nos confins do Sistema Solar. Ao olhar para trás, o Sol é pouco mais do que uma estrela particularmente brilhante e muito pouco pode-se ver ou sentir de seu calor e luz. Em breve entraremos no Cinturão de Kuiper, com seus trilhões de corpos gelados e planetas anões como Plutão e Éris. As distâncias são enormes, e se nós realmente pudéssemos levar essa viagem a cabo, levaríamos mais de 300 anos para ir de Netuno até o princípio da Nuvem de Oort. Atravessar a Nuvem de Oort levaria outros 30.000 anos.

Você pode rastrear as viagem da Voyager 1 e 2 online. Baixe o app NASA' Eyes. https://voyager.jpl.nasa.gov/mission/status/#where_are_they_now

O diagrama acima mostra a distância entre o Sol e nossa estrela vizinha mais próxima conhecida como Gliese 445, que está 1.000.000 AUs do nosso Sol. As distâncias são mostradas em AUs (Unidades Astronômicas). Uma AU tem aproximadamente 150 milhões de km, ou a distância média da Terra até o Sol.

A NUVEM DE OORT

Muito além do Cinturão de Kuiper, os astrônomos acreditam que haja um enorme disco cercado por uma esfera, os dois repletos de objetos gelados. Ele é conhecido como a Nuvem de Oort. A Nuvem de Oort é tão distante que é apenas vagamente vinculada ao Sistema Solar. Os confins da Nuvem de Oort são considerados os confins do Sistema Solar.

O CINTURÃO DE KUIPER

O Cinturão de Kuiper é um vasto disco com um buraco no centro girando em torno do Sol. Ele se estende para o espaço a partir da órbita de Netuno por 7,4 bilhões de km. Esta expansão fria pode conter trilhões de sobras de corpos gelados de quando o Sistema Solar se formou. É bastante parecido com o cinturão de asteroides, só que aqui os objetos (conhecidos como Objetos do Cinturão de Kuiper, ou KBOs) são formados de gelo em vez de rocha.

Cinco espaçonaves da NASA alcançaram o Cinturão de Kuiper e três delas ainda estão enviando de volta informações científicas. As Pioneer 10 e 11 foram lançadas em 1972 e 1973, respectivamente. A NASA perdeu contato com ambas. As Voyager 1 e 2 atravessaram o espaço interestelar e ainda estão ativas, assim como a empolgante missão da New Horizons.

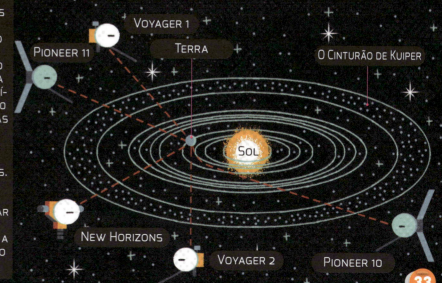

ADENTRANDO A VIA LÁCTEA

Estamos a salvo dentro de nossa espaçonave imaginária e chispando pelas estrelas de nossa galáxia natal, a Via Láctea. Da Terra podemos ver cerca de 3.000 estrelas, mas existem pelo menos 200 bilhões delas na Via Láctea. Se você calcular que a maioria das estrelas tem planetas e muitos dos planetas têm luas, e que a galáxia também contém inúmeros cometas, asteroides, poeira e gás, então você entende que é um lugar bastante agitado, mesmo que esteja espalhado por uma vasta área. Se a nossa espaçonave pudesse viajar em um feixe de luz, levaríamos 200.000 anos para atravessar a galáxia.

A VIA LÁCTEA

VOCÊ ESTÁ AQUI

ESTRUTURA

A Via Láctea é uma galáxia espiral barrada. Ela possui uma densa barra central com estrelas e então quatro braços de estrelas espiralando para fora. Estamos a cerca de 28.000 anos-luz do centro da galáxia. A nossa galáxia tem cerca de 200.000 anos-luz de um lado ao outro. É uma galáxia um tanto grande, mas de jeito algum é a maior. Todas as estrelas, gás e poeira rodam em torno do buraco negro no centro da galáxia.

O GRUPO LOCAL

As galáxias tendem a ficar juntas em grupos e aglomerados. A Via Láctea é parte de um grupo de cerca de 50 galáxias conhecido como o Grupo Local. Elas são nossos vizinhos mais próximos. Por sua vez, o Grupo Local faz parte de um aglomerado maior de galáxias denominado Superaglomerado Virgo.

SUPERAGLOMERADO VIRGO
GALÁXIA DE ANDRÔMEDA
GALÁXIA DE TRIÂNGULO
O GRUPO LOCAL
GALÁXIA DA VIA LÁCTEA

VIAGEM ESPACIAL

A viagem espacial tem muitos efeitos sobre o corpo, a maioria, nociva. Os astronautas sofreram mudanças nos seus músculos, ossos, corações e células sanguíneas. Eles tiveram dificuldades para dormir e sofreram com flatulências (peidos). Outro efeito foi que eles ficaram 2 cm mais altos!

Aqui estamos, rumo ao espaço sideral.

VOANDO PELAS ESTRELAS

Andromeda

A Via Láctea

ROTA DE COLISÃO

A galáxia espiralada mais próxima da Via Láctea é chamada de Andrômeda. Ela está se arremetendo contra nós a cerca de 400.000 km/h e em aproximadamente 4 bilhões de anos as duas galáxias vão colidir, rompendo-se mutuamente. Gradualmente os buracos negros no centro de cada galáxia vão se fundir e uma única galáxia grande será formada.

Se ainda houver humanos na Terra em 4 bilhões de anos, eles terão uma visão de arquibancada das galáxias colidindo. Espantosamente, os astrônomos acham que o nosso Sistema Solar provavelmente sobreviverá à colisão. As estrelas em cada galáxia estão tão afastadas que não irão de fato se encontrar.

SAGITÁRIO A*

Você provavelmente já ouviu a respeito dos buracos negros, mas talvez não tenha se dado conta de que temos um buraco negro de tamanho monstruoso no centro de nossa galáxia. Na verdade, os cientistas acham que quase todas as galáxias têm um buraco negro supermassivo em seu centro. O nosso é chamado de Sagitário A* (pronuncia-se **Sagittarius A**-estrela) e ele tem mais de quaro milhões de vezes a massa do Sol. Os cientistas não conseguem ver Sagitário A* porque os buracos negros são muito difíceis de ver, mas eles sabem que ele está lá – a cerca de 28.000 anos-luz da Terra – por causa da maneira que ele afeta objetos próximos.

Um buraco negro é, na verdade, apenas muita massa em uma pequena área, ao redor da qual as coisas giram. O buraco negro no centro da nossa galáxia não está devorando as estrelas e não irá consumir a nossa galáxia. Ao menos, ainda não. No momento ele atua como uma âncora, e as estrelas em nossa galáxia orbitam ao seu redor. Obviamente se uma estrela próxima reduzir seu curso e se aproximar demais do buraco negro, já era!

SAGITÁRIO A*

Os exoplanetas são muitas vezes avistados quando atravessam ou passam na frente de suas estrelas. Isso facilita para os telescópios na Terra ou no espaço avistá-los.

Acima: um exoplaneta passa por sua estrela.

ALGUÉM MORA LÁ?

Existem diferentes tipos de exoplanetas. Muitos são pequenos e gelados, enquanto outros são gigantes gasosos ou de gelo inadequados à vida como nós a conhecemos. Alguns gigantes gasosos, conhecidos como "Júpiteres Quentes", orbitam muito perto de suas estrelas, o que os torna extremamente quentes. Alguns planetas rochosos aproximadamente do mesmo tamanho da Terra foram encontrados orbitando uma estrela dentro da "zona Cachinhos Dourados" (uma área em que as condições podem sustentar vida). Mas nenhuma prova de vida foi encontrada em exoplaneta algum até agora.

Acima: os cientistas agora acreditam que a maioria das estrelas têm ao menos um exoplaneta.

ENCONTRANDO EXOPLANETAS

Os cosmologistas há muito suspeitavam de que ao menos algumas estrelas pudessem ter planetas, mas eles eram incapazes de achá-las até os anos 90, quando novas tecnologias tornaram possível detectá-los.

Abaixo: o TRAPPIST-South é um telescópio robótico no Chile. TRAPPIST significa "Telescópio Pequeno para Planetas e Planetesimais em Trânsito".

PLANETAS INTERESTELARES

Alguns planetas, conhecidos como "desgarrados" ou "planetas interestelares" não orbitam estrela alguma. Eles giram em torno do centro da galáxia por conta própria, livres de qualquer estrela. Esses planetas podem ter sido expelidos do sistema planetário, ou talvez nunca tenham sido ligados à gravidade de qualquer estrela.

Planeta interestelar

Telescópios poderosos na Terra estão localizados em lugares remotos, como o Deserto do Atacama, no Chile, onde não há luzes da cidade que dificultem avistar o céu. O ar seco do deserto também ajuda.
Os telescópios no espaço são ainda melhores para investigar o Universo, pois estão além da atmosfera da Terra e têm uma visão muito mais clara.

O telescópio espacial TESS da NASA está atualmente escaneando os céus em busca de exoplanetas.

EXOPLANETAS

Agora estamos muito além dos confins do Sistema Solar e prestes a tocar no solo de um planeta um pouquinho parecido com a Terra. Ele se chama exoplaneta, ou planeta extrassolar, que significa que ele orbita uma estrela como o nosso Sol, mas em outro sistema solar. O exoplaneta mais próximo é o *Proxima Centauri b*, que orbita o *Proxima Centauri*, a estrela mais próxima da Terra. É muito empolgante, então talvez você queira usar seu celular interestelar para ligar para casa. Telefones celulares transformam a sua voz em um sinal que viaja na velocidade da luz, mas se você ligasse daqui, levaria quatro anos e dois meses até um telefone tocar na Terra!

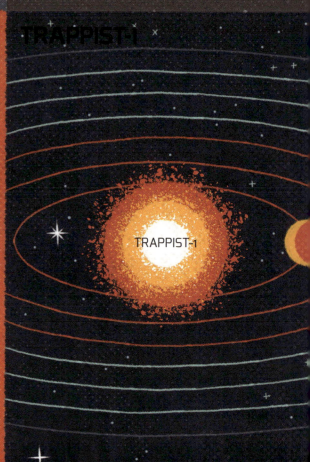

TRAPPIST-1

PODEMOS VISITAR?

Com a nossa tecnologia atual levaria três milhões de anos apenas para chegar ao sistema estelar mais próximo, então você provavelmente não vai tirar férias em um exoplaneta tão cedo! Mas alguns cientistas acreditam que em cerca de 200 anos seremos capazes de dirigir naves espaciais com um feixe de luz poderoso, tornando as viagens interestelares possíveis.

Um ingresso espacial

TRAPPIST-1

A Trappist-1 é uma estrela anã vermelha na constelação de Aquário. Ela foi descoberta em 1999, mas só em 2017 é que os cientistas europeus anunciaram que tinham descoberto sete planetas rochosos do tamanho da Terra em órbita ao seu redor, mais do que em qualquer outro sistema planetário. Além disso, três dos planetas podem ter as condições certas para vida.

Esta ilustração mostra todos os sete planetas que orbitam a TRAPPIST-1. Eles estão muito próximos e se encaixariam dentro da órbita de Mercúrio em nosso próprio Sistema Solar.

Os três planetas azuis claros neste diagrama estão na "zona Cachinhos Dourados" em que a vida pode existir. As condições nos planetas alaranjados seriam quentes demais e o planeta azul mais distante também seria frio demais.

Um jovem viajante espacial do futuro contempla a incrível paisagem de um exoplaneta no Sistema Solar TRAPPIST-1.

BERÇÁRIOS ESTELARES

As estrelas se formam dentro de vastas e densas nuvens de poeira e gás, chamadas de berçários estelares, ou regiões de formação de estrelas. As nuvens se aproximam da formação de estrela quando provocadas por eventos. A explosão de uma supernova, por exemplo, pode enviar ondas de choque através de uma nuvem, transfigurando poeira e gás em pedaços. Sua gravidade atrai mais gás e poeira e eles ficam cada vez maiores até que o calor em seu centro pega fogo, e a fusão nuclear inicia. Dependendo do tipo de estrela, o processo pode levar desde alguns milhares até muitos milhões de anos.

A Montanha Mística é pra lá de incrível. Ela tem três anos-luz de altura (ou cerca de 28 trilhões de km) e recoberta em tiras de gás turbulentas. Lá dentro ficam aninhadas estrelas recém-nascidas.

Montanha Mística

Aqui estamos, firmes e fortes! Estamos acelerando em direção à Montanha Mística na Nebulosa Carina.

CICLO DE VIDA DE UMA ESTRELA

A vida de uma estrela começa quando a fusão nuclear entra em curso em seu núcleo. Se a estrela é uma estrela média, como o Sol, então ela queima constantemente como uma estrela de sequência principal por bilhões de anos. Quando ela tiver queimado todo seu hidrogênio, ela se expande em uma gigante vermelha. Aos poucos a gigante vermelha perde suas camadas externas e desenvolve uma nebulosa planetária ao redor de seu núcleo quente. Quando a nebulosa sumir, a estrela se torna uma anã branca que resfria e vai desaparecendo. As estrelas com muito mais massa, conhecidas como estrelas massivas, têm vidas relativamente curtas. Elas consomem seu gás em apenas alguns milhões de anos antes de se tornarem supergigantes, ou até hipergigantes, em seguida explodindo como supernovas. Elas deixam para trás uma estrela de nêutron ou um buraco negro.

Estrela média — Gigante vermelha — Nebulosa planetária — Anã branca

Berçário estelar — Estrela massiva — Supergigante vermelha — Supernova — Estrela de nêutron / Buraco negro

ESTRELAS

Agora estamos voando em direção à Montanha Mística, um pilar espetacular de poeira e gás na Nebulosa Carina onde as estrelas nascem. Esta é apenas uma das muitas regiões que formam estrelas em nossa galáxia. Mas o que exatamente é uma estrela? Assim como o nosso Sol, uma estrela é uma gigantesca e incandescente bola de gás. Em seu núcleo, o hidrogênio é convertido em hélio em um processo chamado fusão nuclear. Isso cria energia que é irradiada pelo espaço. A maioria das estrelas têm planetas girando ao seu redor, como o nosso Sistema Solar. Existem diferentes tipos de estrelas: algumas são maiores e mais brilhantes do que outras, e umas poucas terminam suas vidas em explosões espetaculares antes de se transformarem em buracos negros.

ESTRELAS BINÁRIAS

O nosso Sol é singular em ser uma estrela solitária. A maioria das estrelas existe em grupos de duas ou mais. Acredita-se que cerca de três quartos sejam binárias, ou sistemas de duas estrelas.

Os astrônomos acham que bilhões de anos atrás o Sol talvez também tenha tido uma gêmea, mas com uma órbita muito distante. Após cerca de um milhão de anos juntas, ela se distanciou, misturando-se com as outras estrelas na Via Láctea.

Estrelas binárias

Se você vivesse em um planeta em um sistema de estrelas binárias, todo dia você veria pores de sol duplos, quando as duas estrelas imergissem no horizonte.

ESTRELAS ANÃS VERMELHAS

Essas estrelas são menores e mais frias do que estrelas como o nosso Sol. Elas queimam seu hidrogênio lentamente e vivem vidas muito longas. As anãs vermelhas são, de longe, as estrelas mais comuns na Via Láctea. A estrela mais próxima do Sol, chamada *Proxima Centauri*, é uma anã vermelha.

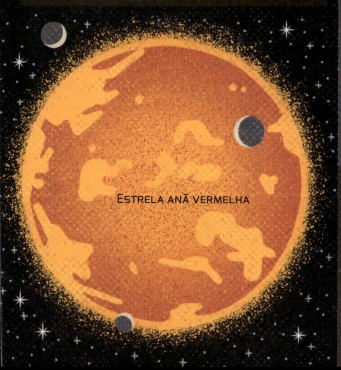

Estrela anã vermelha

ESTRELAS DE NÊUTRON

Estrela de Nêutron

As estrelas de nêutron se formam a partir de supernovas. Elas são os objetos mais densos do Universo. À medida que o núcleo de uma estrela massiva colapsa, ele gira cada vez mais rápido: estrelas de nêutron recém-formadas giram até 600 vezes por segundo. Os astrônomos acham que existam cerca de 100 milhões de estrelas de nêutrons na Via Láctea.

SUPERNOVAS

Quando uma estrela muito grande, com pelo menos oito vezes a massa do Sol, começa a ficar sem combustível, ela incha formando uma supergigante. Quando todo o combustível se for, a estrela colapsa e as camadas externas são lançadas em uma imensa explosão. A energia de uma supernova pode ser tanta quanto toda a energia liberada por uma estrela como o Sol ao longo da vida.

TIPOS DE GALÁXIAS

Existem quatro tipos principais de galáxias: galáxias espirais, galáxias espirais barradas, galáxias elípticas e galáxias irregulares. Cada tipo tem mais de uma variação. Existem também algumas galáxias peculiares, por exemplo, no formato de um anel ou da letra "S".

AGLOMERADOS & SUPERAGLOMERADOS

A maioria das galáxias se juntam em grupos de cerca de 50 ou mais, enquanto outras formam aglomerados massivos. Os maiores grupos de galáxias são chamados de superaglomerados e têm centenas ou até milhares de galáxias, cada uma contendo bilhões de estrelas. Normalmente existe uma galáxia elíptica gigante no centro do aglomerado. A maioria das galáxias em aglomerados é elíptica, enquanto a maioria das galáxias fora dos aglomerados é espiral.

GALÁXIAS ELÍPTICAS
Essas galáxias são normalmente ovais, como um ovo. Elas geralmente têm estrelas mais velhas e não muito gás, portanto não estão se formando muitas estrelas novas. Algumas das maiores galáxias do Universo são elípticas.

GALÁXIAS IRREGULARES
Essas galáxias não têm um formato em particular, às vezes por terem sido deformadas pela gravidade das galáxias adjacentes.

GALÁXIAS ESPIRAIS
Essas galáxias têm formato igual ao de cata-ventos. Elas têm um círculo central de estrelas, cercado por pelo menos dois braços espirais com mais estrelas.

GALÁXIAS ESPIRAIS BARRADAS
Essas são uma variação das galáxias espirais. Elas têm uma barra de estrelas correndo pelo centro e braços espirais derivando de lá.

A PARTIR DA LATERAL
Se você olhar para uma galáxia espiral a partir do lado (abaixo), você verá que ela possui uma saliência no centro e então se estende no formato de um disco achatado.

QUASAR
Quasares são os objetos mais brilhantes no Universo. Eles são buracos negros supermassivos com matéria como gás e estrelas fluindo para eles. Quando muita matéria cai dentro de um quasar, uma enorme quantidade de energia é liberada e ele brilha muito intensamente.

GALÁXIA SEYFERT
Galáxias Seyfert têm núcleos muito mais brilhantes do que outras galáxias.

GALÁXIA RÁDIO
Galáxias Rádio emitem ondas de rádio muito fortes.

GALÁXIAS ATIVAS

Galáxias Ativas têm núcleos compactos que explodem enormes quantidades de luz e outras fontes de energia. Eles produzem muito mais energia do que as estrelas que os contêm emitem. Os astrônomos acham que elas têm buracos negros supermassivos em seus núcleos. Muitas galáxias ativas também ejetam feixes estreitos de partículas energéticas à velocidade próxima da luz. As galáxias ativas incluem galáxias Seyfert, galáxias Rádio e Quasares.

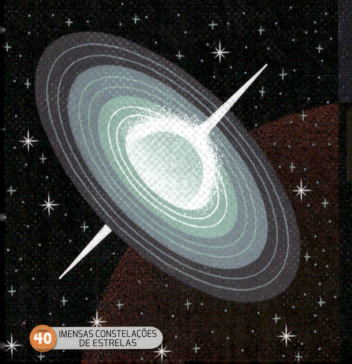

IMENSAS CONSTELAÇÕES DE ESTRELAS

GALÁXIAS

Finalmente chegamos aos confins da Via Láctea. Agora podemos ver diferentes tipos de galáxias. Vamos observar um pouco mais de perto. Uma galáxia é uma imensa constelação de estrelas, bem como de gás, poeira, nebulosas, asteroides, cometas, planetas e matéria escura, tudo unido pela gravidade. Os cientistas estimam que existam, pelo menos, 200 bilhões de galáxias no Universo, mas pode haver muito mais. O tamanho das galáxias varia de pequenas, conhecidas como anãs, com apenas alguns 100 milhões de estrelas, até gigantes com mais de 100 trilhões. As estrelas e outra matéria giram ao redor do centro de gravidade da galáxia, que normalmente é um grande buraco negro.

GALÁXIAS STARBURST

As galáxias *Starburst* produzem novas estrelas a uma taxa muito alta. Elas contêm muito gás e o consomem rapidamente criando diversas estrelas grandes. Uma galáxia starburst não é um tipo separado de galáxia, mas sim uma fase nas vidas de algumas galáxias. Os cientistas não têm certeza do que as produz, mas a colisão com outra galáxia pode ser um gatilho.

TELESCÓPIOS ESPACIAIS

Os telescópios que operam no espaço são muito mais caros do que os terrestres, mas eles obtêm uma visão muito melhor. O telescópio mais famoso baseado no espaço é o Hubble (HST). Ele foi lançado em 1990 e aumentou imensamente o que sabemos sobre o Universo.

Um novo telescópio espacial, chamado Telescópio Espacial James Webb, foi lançado em 25 de dezembro de 2021. Ele funcionará em conjunto com o telescópio espacial Hubble (HST).

O BIG BANG

Vamos imaginar que a nossa confiável espaçonave também seja uma máquina do tempo e que possa percorrer a luz de volta às origens do nosso Universo. O que veríamos no primeiro momento no tempo? É claro, ninguém sabe ao certo, mas a melhor teoria é chamada de Big Bang. De acordo com essa ideia, o Universo formou-se cerca de 13,8 bilhões de anos atrás. Ele se expandiu muito rapidamente, com a formação dos átomos seguidos por estrelas e galáxias. O nosso Sistema Solar apareceu cerca de 4,6 bilhões de anos atrás. Hoje o Universo ainda está se expandindo e está ficando cada vez maior em uma taxa sempre crescente. Se pudéssemos olhar cerca de 22 bilhões de anos para o futuro, talvez até víssemos o *Big Rip*, quando tudo se desintegra e o Universo acaba.

O MULTIVERSO

Alguns cientistas acreditam que possa haver mais de um universo. Eles acham que o nosso Universo é só um de muitos em uma alucinante estrutura ampla chamada de Multiverso. De acordo com essa teoria, se existe um universo que surgiu em um Big Bang, por que não haveria outros mais? Pode haver um imenso e crescente número de universos, cada um governado por diferentes leis da física. É uma ideia incrível, mas nem todo mundo aceita que ela possa ser verdade.

MATÉRIA ESCURA

O Universo é formado de matéria e energia. A matéria simples, que inclui todas as coisas visíveis, como planetas, estrelas e galáxias, compõe cerca de cinco por cento do Universo. Uma parte muito maior, cerca de 25%, é composta de matéria escura. Os cientistas não sabem o que esta matéria escura é, mas eles podem dizer que ela existe por causa da maneira que a matéria visível se comporta no espaço. Os 70% restantes do Universo são compostos de algo igualmente misterioso, chamado de energia escura. Os cientistas também não sabem o que é a energia escura.

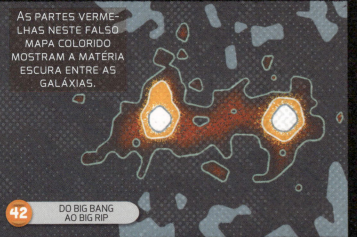

As partes vermelhas neste falso mapa colorido mostram a matéria escura entre as galáxias.

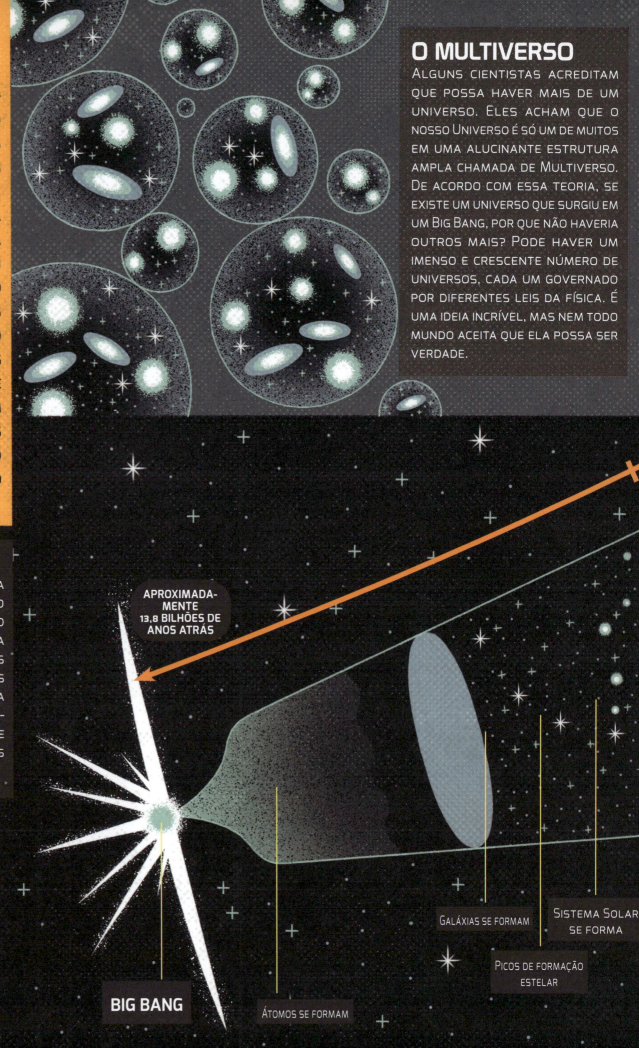

APROXIMADAMENTE 13,8 BILHÕES DE ANOS ATRÁS

BIG BANG — ÁTOMOS SE FORMAM — GALÁXIAS SE FORMAM — PICOS DE FORMAÇÃO ESTELAR — SISTEMA SOLAR SE FORMA

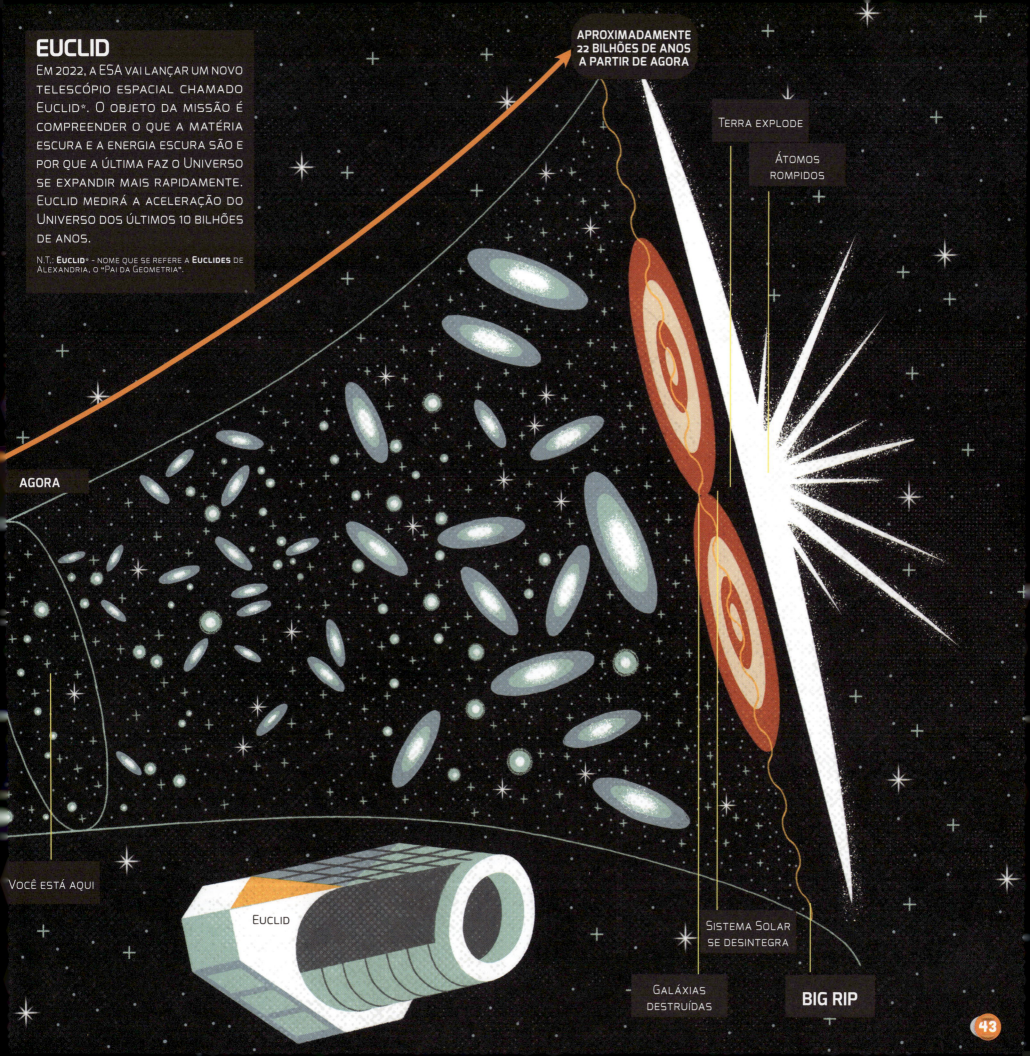

LISA

Nos anos 2030, a ESA lançará três espaçonaves juntas que orbitarão o Sol em uma formação triangular a vários milhões de quilômetros de distância. Elas investigarão as ondas gravitacionais, aprendendo sobre a formação e estrutura das galáxias, a evolução das estrelas, os primórdios do Universo e a estrutura e natureza do próprio tempo.

LISA Espaçonave 2
LISA Espaçonave 3
Raios Laser
LISA Espaçonave 1

Uma espaçonave do futuro se lança rumo a um buraco de minhoca

VELOCIDADE DE DOBRA & BURACOS DE MINHOCAS

O problema principal em explorar o Universo é a distância. Uma das galáxias mais próximas da Via Láctea, a Galáxia Anã Elíptica de Sagitário, fica a 70.000 anos-luz de distância. Com ou sem tecnologia atual, isso é simplesmente longe demais. Mesmo que pudéssemos viajar na velocidade da luz, o que não podemos, ainda é longe demais. Mas se pudéssemos viajar mais rápido do que a luz, o que a ficção científica chama de "velocidade de dobra", então a viagem espacial profunda seria possível. Einstein disse que nada pode mover-se mais rápido do que a luz, mas alguns cientistas discordam.

Buracos de minhoca são populares na ficção científica. Eles são como buracos ou pontes do espaço-tempo que nos permitiriam pegar atalhos em longas viagens pelo Universo. Ninguém jamais encontrou um buraco de minhoca, e os cientistas não têm certeza se sobreviveríamos em uma viagem através dele.

O longo caminho ao redor

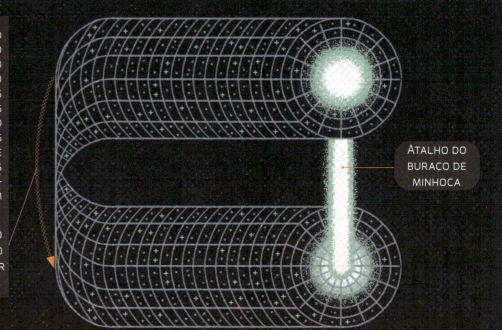

Atalho do buraco de minhoca

O QUE ESPERAR DO FUTURO?

Essa foi uma viagem e tanto, não foi? Direto para o final do Universo! Claro, você sabe que a maioria das aventuras que tivemos neste livro não poderia acontecer. Enfim, não ainda. É que nós não temos a tecnologia e existem tantas coisas que ainda não sabemos. Mas é isso que torna o espaço algo tão empolgante. Ainda há tanto para aprender e coisas tão surpreendentes para descobrir. Nas décadas vindouras, é quase certo que as pessoas retornarão à Lua e talvez construam uma colônia lá. Elas podem até aterrissar em Marte e colonizar o planeta. O turismo espacial bem pode se tornar uma maneira popular de passar as férias. Se recursos como ouro e platina ficarem escassos na Terra, nós realmente poderíamos começar a minerar asteroides. Podemos até descobrir um jeito de viajar mais rápido do que a luz, de maneira que pudéssemos viajar facilmente no espaço profundo. O espaço realmente é uma nova fronteira.

Buraco de minhoca

ONDE ESTÁ TODO MUNDO? – SETI

SETI (sigla em inglês para Search for Extraterrestrial Intelligence, Busca por Inteligência Extraterrestre), é um termo científico para todas as maneiras pelas quais estamos procurando por sinais de vida inteligente além de nosso planeta. Muitos rádiotelescópios em várias partes do mundo constantemente escaneiam os céus buscando sinais de rádio artificiais. Todas as suas descobertas são analisadas por supercomputadores. Outros projetos buscam raios laser de luz que seres inteligentes possam usar para se comunicar. Eles também buscam espaçonaves e sondas alienígenas. Os cientistas até lançaram os nossos próprios sinais no espaço, para deixar outra vida inteligente saber que existimos. Não sabemos se alguém viu essas mensagens e alguns cientistas até perguntaram se é sábio transmitir a nossa existência para alienígenas que podem não ser pacíficos ou legais.

Nos anos 50, um físico italiano, Enrico Fermi, disse que o tamanho e a idade do Universo sugerem que outra vida inteligente tem que existir. Então por que não encontramos qualquer sinal dela?

Empreste o poder do seu computador para a pesquisa! Você quer ajudar a descobrir vida além da Terra? Pesquise na Internet SETI@home

X**BB@**GG%!
Traduzido é: "ATÉ LOGO!"

A
Aldrin, Buzz ... 11
Alpha Centauri ... 33
Apollo ... 11, 11
Aquário ... 37
Ariel ... 29
Armstrong, Neil ... 11
Arrokoth ... 32
asteroides/cinturão de asteroides ... 14, 15, 22-23
- asteroides troianos ... 22
- cinturão principal ... 22
- minerar ... 22
- vivendo em ... 22
Asteroides troianos ... 22
Axiom ... 9

B
Bacia de Caloris ... 17
BepiColombo (missão ESA) ... 16
Berçários estelares ... 38
Big Bang ... 42-43
Big Rip ... 42-43
Bowie, David ... 20
buracos de minhoca ... 44, 45
buracos negros ... 34, 35

C
Cabo Canaveral ... 13
Calisto ... 24
Cassini-Huygens (se juntou a missão NASA) ... 27
Ceres ... 15, 23
Choque terminal ... 33
Cinturão de Kuiper ... 15, 31, 32, 33
cometas ... 14, 32

D
DART (missão da NASA) ... 23
Deimos ... 20
Didymoon ... 23
Didymos ... 23

E
EEI – veja Estação Espacial Internacional
Einstein, Albert ... 44
Enceladus ... 26
Energia escura ... 42, 43
Eris ... 15, 33
ESA- Ganimedes ... 24
- Gateway (missão da NASA) ... 9
- Gliese ... 45, 33
- zona Cachinhos Dourados ... 36, 37
ESA (Agência Espacial Europeia)
Estação Espacial Internacional (EEI) ... 7, 8-9
Estação Espacial James Webb (NASA) ... 41
Estrelas ... 38-39
- anãs vermelhas ... 39
- binárias ... 39
- ciclo de vida ... 38
- estrelas de nêutron ... 38, 39
- nascimento ... 38
Estrelas anãs vermelhas ... 39
Estrelas de nêutron ... 39
EUCLID (missão ESA) ... 43
Europa ... 24
exoplanetas ... 36-37

F
Fermi, Enrico ... 45
Foguete Falcon Heavy (missão espacial privada) ... 20

G
Galáxia Anã do Cão Maior ... 44
Galáxia Anã Elíptica de Sagitário ... 44
Galáxia de Andrômeda ... 34, 35
Galáxia de Triângulo ... 34
Galáxia Rádio ... 40, 41
Galáxia Seyfert ... 40
Galáxias ... 40-41
- aglomerados ... 40
- elípticas ... 40
- espirais ... 40
- espirais barradas ... 40
- irregulares ... 40
- superaglomerados ... 40
- tipos ... 40
Galáxias Starburst ... 41
Grupo local ... 34

H
Haumea ... 15
HAVOC (missão proposta pela NASA) ... 19
Hígia ... 23
HST – veja Telescópio Espacial Hubble
Huygens, Christiaan ... 27

I
InSight Lander (missão da NASA) ... 21
Io 24

J
JUICE (missão da ESA) ... 24
Juno (missão da NASA)
Júpiter ... 15, 23, 24-25, 33
- estrutura ... 24
- Grande Mancha Vermelha ... 24, 30
- luas ... 24
- luas galileanas ... 24
- regiões polares ... 24
Júpiteres quentes ... 36

L
LISA (missão da ESA) ... 44
lixo espacial ... 7
Lua ... 8, 10-11
- aterrissagem ... 11
- colônia ... 10-11
- formação ... 10
luas ... 14
Lucy (missão da NASA) ... 22

M
Maat Mons ... 18
Makemake ... 15
Mariner 10 (missão da NASA) ... 16
Marte ... 14, 20-21, 22, 23, 33, 45
- colônia ... 20-21
- luas ... 20
Matéria escura ... 42, 43

Mercúrio 14, 16-17, 22, 33
    - atmosfera 17
    - colônia 16-17
    - estrutura 16
    - minerais 17
    - órbita 16
Messenger (missão da NASA) 16, 17
Miranda 29
Missões Apollo 10-11
Módulo lunar eagle 11
Montanha Mística 38, 39
Multiverso 42
Musk, Elon 20

N
Nebulosa Carina 38, 39
NEO – veja Objetos Próximos da Terra
Netuno 14, 15, 28, 30-31, 33
    - anéis 30
    - descoberta 30
    - estrutura 30
    - gêiseres 31
    - luas 30
    - temperatura da superfície
    - ventos 30
New Horizons (missão da NASA) 32, 33
Nuvem de Oort 32, 33

O
Oberon 29
Objetos Próximos da Terra (NEOs) 23

P
Pallas 23
Parker, Eugene 13
Perseverance (jipe-robô de Marte) 20
Phobos 20
Pioneer 10 (missão da NASA) 33
Pioneer 11 (missão da NASA) 27, 28, 33
planetas anões 15

Planetas interestelares 36
Plutão 15, 32, 33
Pope, Alexander 29
Proxima Centauri 36
Proxima Centauri b 36

Q
Quasares 40

S
Sagitário A* 35
Satélites (artificial) 7
Saturno 14, 15, 26-27, 33
    - densidade 26
    - luas 26, 27
    - sistema de anel 27
    - tamanho 26
    - ventos 26
SETI (Busca por Inteligência Extraterrestre) 45
Shakespeare, William 29
Sistema Solar 14-15
    - formação 15
    - nascimento 15
Sol 12-13, 14, 15
    - estrutura 12
    - manchas solares 12
Sonda Espacial Parker 13
Soyuz (foguete russo) 8
SpaceX 20
Sputnik 17
Superaglomerado Virgo 34
Supernovas 38, 39

T
Telescópio Espacial Hubble (HST) 7, 30, 41
Telescópio TRAPPIST 36
telescópios espaciais 41
Terra 6-7, 14
    - atmosfera 6
    - dia & noite 6

    - estações 6
    - estrutura 6
    - formação 6
    - planeta azul 7
    - vida em 6
Tesla Roadster 20
TESS (telescópio da NASA) 36
Titânia 28, 29
TRAPPIST-1 37
Tritão 31
Triton hopper (proposto pela missão da NASA) .30
turismo espacial 8

U
Umbriel 29
Urano 14, 15, 28-29, 30, 33
    - anéis 29
    - luas 28, 29
    - órbita 29

V
VAMP (missão espacial particular para Vênus) ... 18
VELOCIDADE DE DOBRA 44
Venera 4 (missão russa)
Venera D (missão russa) 18
Vento solar 12
Vênus 8, 14, 18-19, 22, 33
    - efeito estufa 18
    - HAVOC 19
    - VAMP 19
Vesta 23
Via Láctea 34-35, 39
    - estrutura 34
Vivendo no espaço 8-9
    - efeitos sobre o corpo humano 8
Voyager 1 (missão da NASA) 27, 28, 33
Voyager 2 (missão da NASA) 27, 28, 30, 31, 33